LES LOUSTICS

Livre de l'élève

1

A1.1

Hugues Denisot — Marianne Capouet

hachette

FRANÇAIS LANGUE ÉTRANGÈRE

À Poucette

Remerciements :
La participation et l'implication des enseignants à nos projets est une aide précieuse et indispensable.
Nous remercions donc chaleureusement tous les professeurs de FLE et leurs élèves
qui ont partagé leurs expériences et leurs avis constructifs en Belgique, France, Espagne, Mexique,
Liban, Maroc, Égypte, États-Unis, Canada et Australie.

Un grand merci aux enfants qui ont posé pour les photos :
Camille (p. 2, 19, 25), Cole (p. 3, 55), Kiwa (p. 3, 25, 29, 63, 69), Lily (p. 2, 34, 59, 67, 69),
Maimouna (p. 2, 25, 46, 47), Mason (p. 2, 24, 34, 62), Mathilde (p. 3, 6, 26, 64, 66),
Nino et Tom (p. 15, 65), Pablo (p. 3, 11, 25), Ward (p. 2, 25, 37) et Zachary (p. 3, 6, 27).

Conception graphique de la couverture : Christophe Roger
Conception graphique et mise en pages : Sylvaine Collart
Illustrations : Florence Langlois
Hélène Convert : p. 6 (3), 24 (3), 26 (3), 27 (3), 64, 66
Photos : © iStockphoto.com
© Le bar Floréal, Mara Mazzanti : p. 2, 3, 6, 11, 19, 24, 25, 26, 27, 29, 34, 37,
46, 47, 55, 59 (C), 62 (A), 63, 64, 66, 67, 69
© Centre Pompidou, MNAM-CCI, Dist. RMN-Grand Palais : p. 10
Secrétariat d'édition : Le souffleur de mots, Françoise Malvezin

ISBN : 978-2-01-155903-6

© Hachette Livre 2013
43, quai de Grenelle, F 75905 Paris Cedex 15, France.

http://www.hachettefle.fr

Les symboles

Regarde et écoute ton professeur.

Unité 1 : Bonjour !

Moi, c'est Léo. Et toi ?

1 🎧 2 👉 Écoute et montre sur la grande image.

2 🎧 3 💬 Écoute et réponds.

3 🎧 4 👉 Écoute et montre.

4 🎧 5 🕺 🎤 Écoute la chanson « Je te dis bonjour ». Mime et chante.

Salut ! Moi, c'est Alice. Ça va ?
Au revoir.

Leçon 2

Il y a combien de doigts ?

1 🎧7 🕺
Écoute et mime.

2 🎧8 💬 🕺
Écoute, répète et mime.

1, 2, 3...

3 🎧9 ✏️
Écoute la chanson « 1, 2, 3 » et chante.

zéro – un – deux – trois – quatre – cinq – six – sept – huit – neuf – dix – onze – douze

Comment tu t'appelles ?
Tu as quel âge ?

1 Regarde et écoute.

2 Écoute, montre et réponds.

3 Réponds : «Tu as quel âge ? »

Je m'appelle Léo. J'ai sept ans.

Leçon 4

De quelles couleurs est la toupie?

1 Écoute et montre.

2 Écoute la chanson « Ma toupie » et chante.

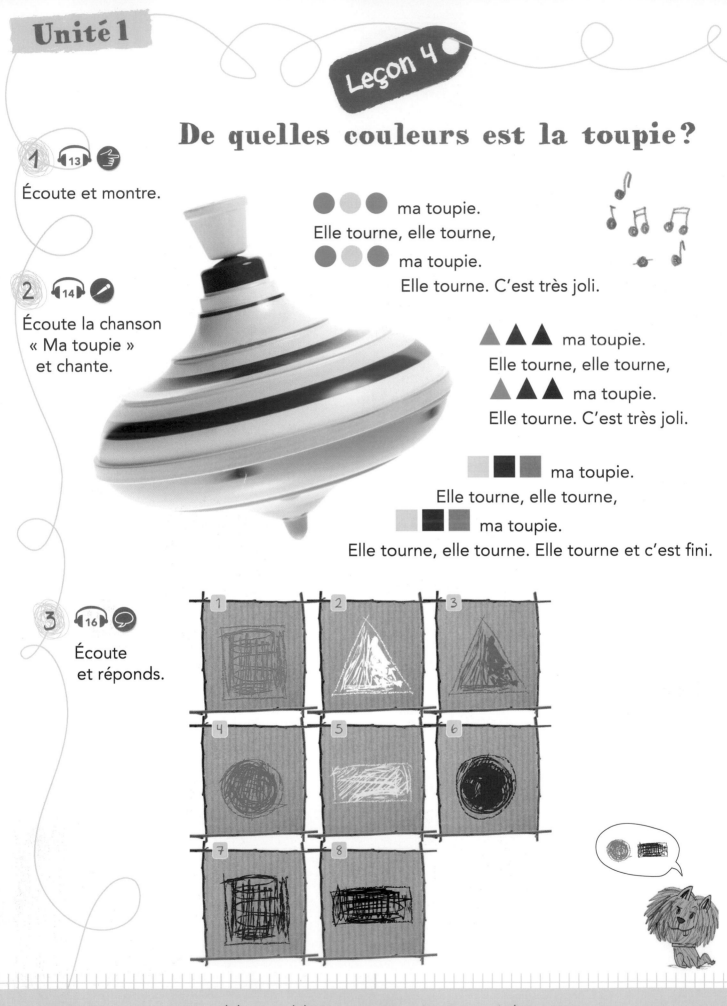

● ● ● ma toupie.
Elle tourne, elle tourne,
● ● ● ma toupie.
Elle tourne. C'est très joli.

▲ ▲ ▲ ma toupie.
Elle tourne, elle tourne,
▲ ▲ ▲ ma toupie.
Elle tourne. C'est très joli.

■ ■ ■ ma toupie.
Elle tourne, elle tourne,
■ ■ ■ ma toupie.
Elle tourne, elle tourne. Elle tourne et c'est fini.

3 Écoute et réponds.

noir – blanc – bleu – rouge – jaune – violet – orange – vert

Leçon 5

Qu'est-ce qu'il fait ?
Qu'est-ce qu'elle fait ?

1

Écoute, regarde et mime.

2 (18)

Écoute et dis le numéro.

3 (19)

Écoute et réponds.

Il peint. Elle chante. Et toi, tu apprends le français.

PETIT DOC

La peinture préférée de Léo

1.  **Regarde la peinture préférée de Léo.**

Qu'est-ce que c'est ?
Comment s'appelle le peintre ?

2. ☞ **Montre :**

un carré
un triangle
un rectangle

3. 🎧 20 💬

Écoute et réponds.

Robert Delaunay (Paris 1885 — Montpellier 1941)
Tour Eiffel, 1926.

Le téléphone de Pedro

10:08

①

🎧 **21** Écoute Pedro et Isa.

Liste de téléphone :

Pedro : 7.3.6.4.2.0.1.1
Isa : 8.4.2.9.5.1.3.3
Juan : 4.8.3.7.2.1.0.0
Sofia : 9.3.2.1.8.4.2.3
Diego : 3.9.5.7.4.4.8.3
Maria : 1.4.8.2.5.3.1.9
Miguel : 8.4.2.7.5.1.3.3

②

Toi aussi, fabrique un téléphone !

1. Colorie les touches.

2. Découpe les touches.

3. Colle les touches.

4. Ajoute une antenne si tu veux.

Unité 2 : Vive l'école !

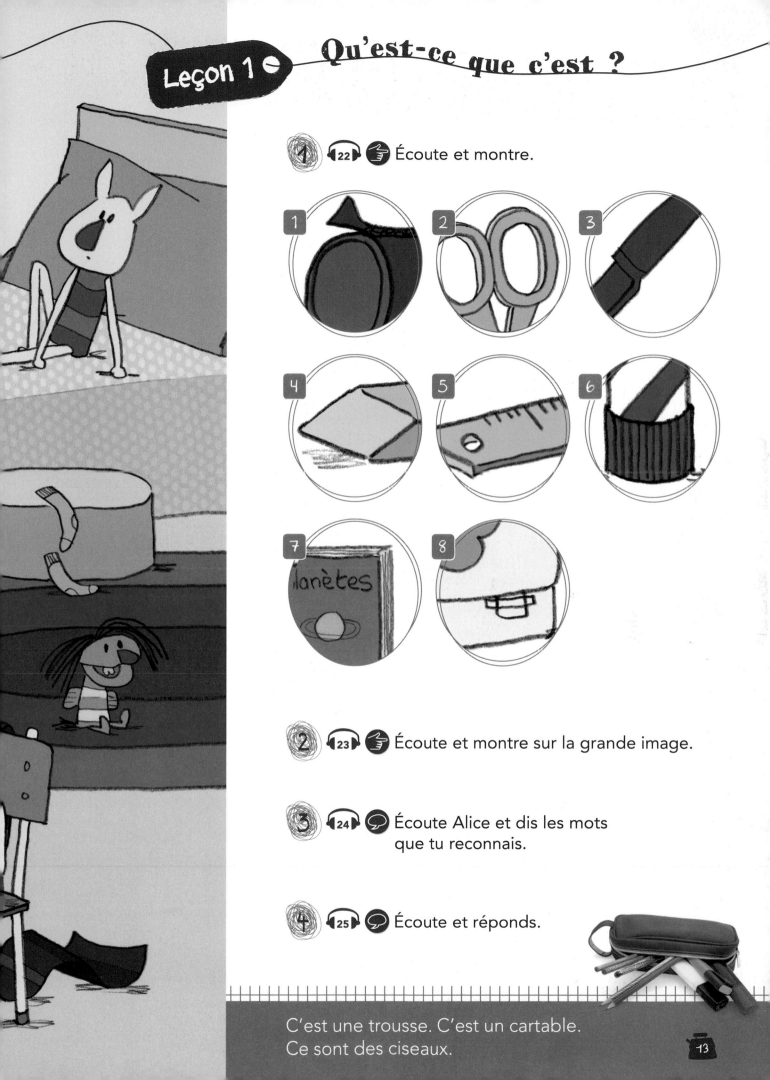

Qu'est-ce que c'est ?

1 🎧 22 👉 Écoute et montre.

1

2

3

4

5

6

7 lanètes

8

2 🎧 23 👉 Écoute et montre sur la grande image.

3 🎧 24 💬 Écoute Alice et dis les mots que tu reconnais.

4 🎧 25 💬 Écoute et réponds.

C'est une trousse. C'est un cartable.
Ce sont des ciseaux.

Leçon 2

Qui fait quoi ?

1 🎧 26 👉

Écoute la poésie « S'il te plaît » et montre le bon dessin.

A

B

C

2 🎧 27 👉

Écoute
et
montre.

A

B

C

3 🎧 28 💬

Écoute
et réponds.

D

E

Léo pose son cartable. Maggie prend les crayons.
Alice prête les ciseaux.

Nous sommes quel jour aujourd'hui ?

1 🎧 29 🕺

Écoute la chanson « Mes petites mains » et mime.

2 🎧 31 👆

Écoute et montre.

3 🎧 32 💬 🎤

Écoute, répète et chante.

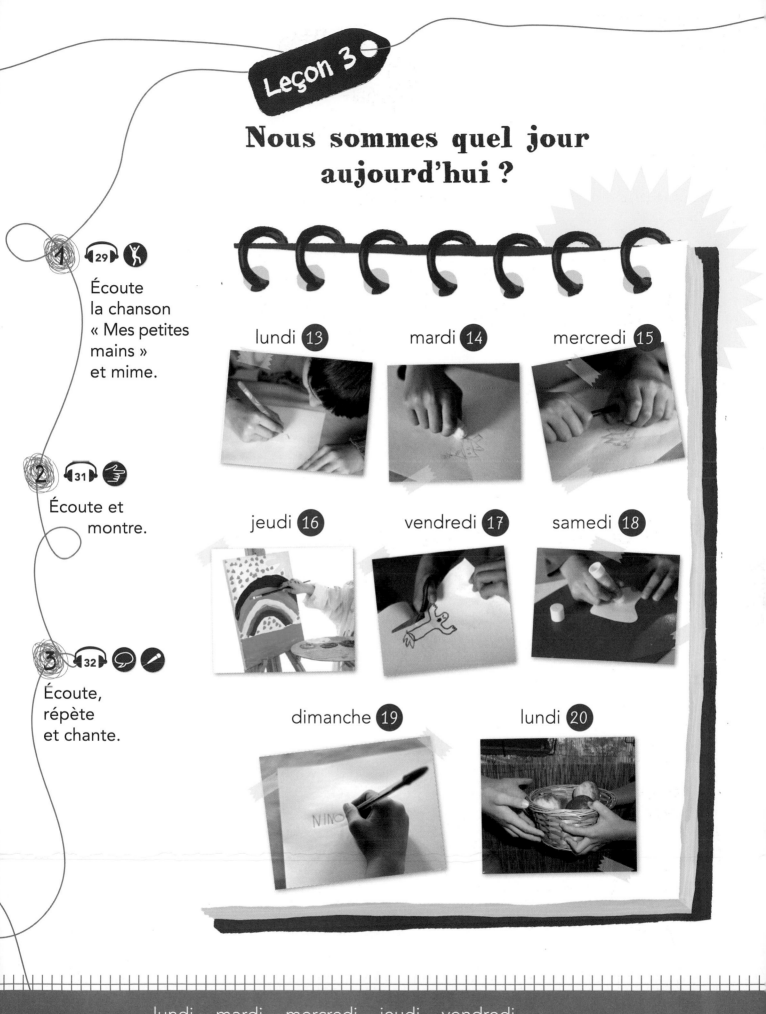

lundi 13

mardi 14

mercredi 15

jeudi 16

vendredi 17

samedi 18

dimanche 19

lundi 20

lundi – mardi – mercredi – jeudi – vendredi – samedi – dimanche

Leçon 4

Tu aimes aller à l'école ?

1 👁 🎧 33 👉

Regarde le tableau.
Écoute et vérifie.

2 🎧 34 💬

Écoute, réponds
vrai ou faux
et corrige
si nécessaire.

3 🎧 35 💬

Écoute
et complète.

4 💬 Réponds : « Et toi, tu aimes aller à l'école ? »

Oui, j'aime aller à école. J'aime lire et compter.
Je n'aime pas dessiner.

Qu'est-ce que tu aimes faire pendant la récréation ?

1 🎧36 💬

Écoute et dis le numéro.

2 🎧37 💬

Écoute et complète.

3 🤸 💬

Mime et réponds.

J'aime sauter à la corde, jouer aux billes et
jouer à cache-cache. Je n'aime pas jouer à la marelle.

17

LES ABÉCÉDAIRES D'ALICE

1. (38) 🗨
Écoute et réponds.

2. (39) 🗨 👉
Écoute, réponds et montre.

3. (40) 🗨
Écoute et compte.

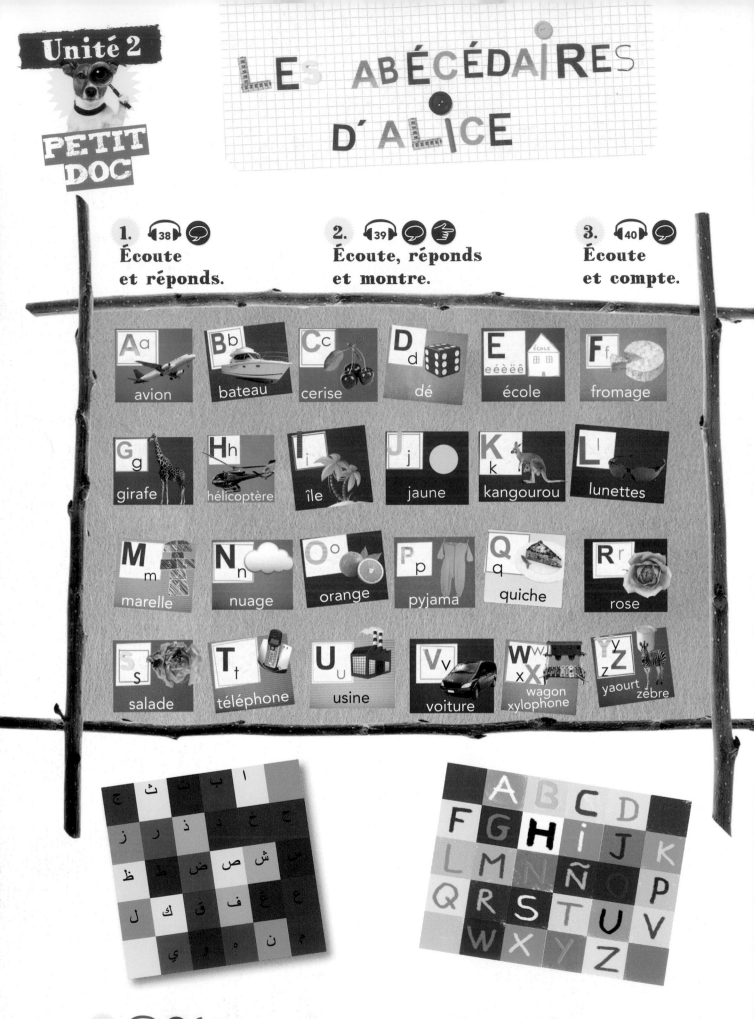

- **Aa** avion
- **Bb** bateau
- **Cc** cerise
- **Dd** dé
- **Ee** e é è ê ë école
- **Ff** fromage
- **Gg** girafe
- **Hh** hélicoptère
- **Ii** île
- **Jj** jaune
- **Kk** kangourou
- **Ll** lunettes
- **Mm** marelle
- **Nn** nuage
- **Oo** orange
- **Pp** pyjama
- **Qq** quiche
- **Rr** rose
- **Ss** salade
- **Tt** téléphone
- **Uu** usine
- **Vv** voiture
- **Ww Xx** wagon xylophone
- **Yy Zz** yaourt zèbre

4. (41) ✏ Écoute la chanson « L'alphabet » et chante.

DÉPART A

DÉPART B

DÉPART C

Écoute
et montre.

ARRIVÉE U

ARRIVÉE V

ARRIVÉE W

20

1  Écoute et montre.

2 Regarde la grande image, écoute et réponds.

3 Écoute et montre sur la grande image.

4 Écoute, regarde la grande image et réponds.

J'habite en ville. Je n'habite pas à la campagne, à la montagne, à la mer.

Leçon 2

Qu'est-ce qu'il y a dans ta chambre ?

1 🎧49 👉

Écoute
et montre.

2 🎧50 💬

Écoute
et réponds.

3 🎧51 💬

Écoute
la poésie
« Tut !
Tut ! »
et répète.

Il y a des jouets dans le coffre, une voiture sous le bureau,
des livres sur le lit.

Tu as des frères et des sœurs ?

1 🎧52 💬

Écoute et trouve l'enfant.

2 🎧53 💬

Écoute et présente les enfants.

3 💬 Réponds : « Et toi, tu as des frères et des sœurs ? »

Oui, j'ai une sœur et un frère.
Non, je n'ai pas de sœur et je n'ai pas de frère.

Leçon 4

Tu habites avec qui ?

1 🎧54 💬

Écoute
et réponds :
« Léo habite
avec qui ? »

2 🎧55 👉 💬

Écoute,
montre
et réponds.

3 🎧56 🎤 💬

Écoute.
Chante
la chanson
« Quand
Fanny était
un bébé »
et présente
Fanny.

J'habite avec mes parents (ma mère et mon père),
ma grand-mère et mon grand-père.

Tu as des animaux ?

1 🎧 58 💬

Écoute
et réponds.

2 🎧 59 💬 👉

Écoute,
répète
et montre.

3 🎧 60 👉 🎤

Écoute la chanson
« La famille tortue ».
Montre la bonne
photo et chante.

Oui, j'ai un chat, un chien, une tortue, un poisson rouge,
une souris, un oiseau et un rat. Non, je n'ai pas d'animaux.

La carte postale de ...

ici

1. 💬 Décris la carte postale.

2. 📖 👉 Lis les cartes postales et montre le bon texte.

Bonjour Alice !

Comment ça va ?
Moi, ça va bien.
Je suis à la campagne
avec mes grands-parents.
J'habite dans une petite
maison. Regarde la X.

Au revoir,

Mona

Alice Legrand

4, rue Lima

75018 Paris

Salut Léo !

Comment ça va ?
Moi, ça va bien.
Je suis à la mer avec
mes parents et ma sœur.
J'habite dans un grand
appartement. Regarde la X.

Au revoir,

Némo

Léo Legrand

4, rue Lima

75018 Paris

3. 🎧 62 💬 Écoute et réponds aux questions.

Le dépliant de Minami

① 🎧63 Écoute Minami.

② Toi aussi, fabrique un dépliant !

1. Dessine ta famille.

Voici ma famille :

2. Dessine où tu habites.

J'habite ___en ville___
dans ___un appartement___

3. Dessine-toi dans une pièce de ta maison ou de ton appartement.

...st moi dans ___ma chambre___

4. Dessine tes animaux.

Voici mes animaux :   Lili

Unité 4 : En forme ?

Comment est ton visage ?

1 🎧2 💬 Écoute et dis qui parle.

2 🎧3 💬 Écoute et réponds.

3 Comment est Bastien ?

👁 🎧4 a. Regarde la grande image et écoute.

🎧5 💬 b. Écoute, réponds vrai ou faux
et corrige si nécessaire.

J'ai un nez, une bouche, deux yeux,
deux oreilles et des cheveux.

Leçon 2

Tu peux te décrire ?

1 🎧 6 💬 👉

Écoute la poésie « Qui a un chapeau ? ». Répète et montre.

2 🎧 7 👉

Écoute et montre.

3 🎧 8 💬

Écoute et trouve la bonne personne.

J'ai des cheveux blonds/bruns/roux. J'ai des lunettes/ un chapeau. Je n'ai pas de boucles d'oreilles/de moustache.

Leçon 3

Tu te sens comment aujourd'hui ?

1 🎧 9 👁 🤸
Écoute, regarde et mime.

2 🎧 10 💬
Comment ils se sentent ? Écoute et réponds.

3 💬 Réponds : « Et toi, tu te sens comment aujourd'hui ? »

Je n'ai pas peur. Je ne suis pas triste/fâché/fatigué/malade.
Je suis content.

Tu bouges ?

1 🎧 11 🎤 🏃

Écoute la chanson
« Tête, épaules
et genoux pieds ».
Chante et mime.

2 🎧 13 🏃

Écoute
et mime.

3 🎧 14 👉 💬

Écoute,
montre et dis
ce qu'il fait.

Je mets mes mains en avant, je tourne ma tête/mes pieds.
Je plie mes jambes et je saute.

Leçon 5

Tu as mal où ?

Je n'ai pas mal à la tête. J'ai mal au doigt.

35

1 🔊 🎧15

Regarde la BD et écoute.

2 🎧16 💬

Écoute et répète dans ta tête.

3 🎧17 💬

Écoute et répète à voix haute avec le ton.

4 📖 🤸

Lis la BD à voix haute, apprends ton rôle et joue la scène.

PETIT DOC

Les 5 sens

E la main

= le toucher

A l'œil, les yeux

= la vue

B le nez

= l'odorat

C les oreilles

= l'ouïe

D la langue

= le goût

1. 🎧18 💬

Écoute et dis la lettre.

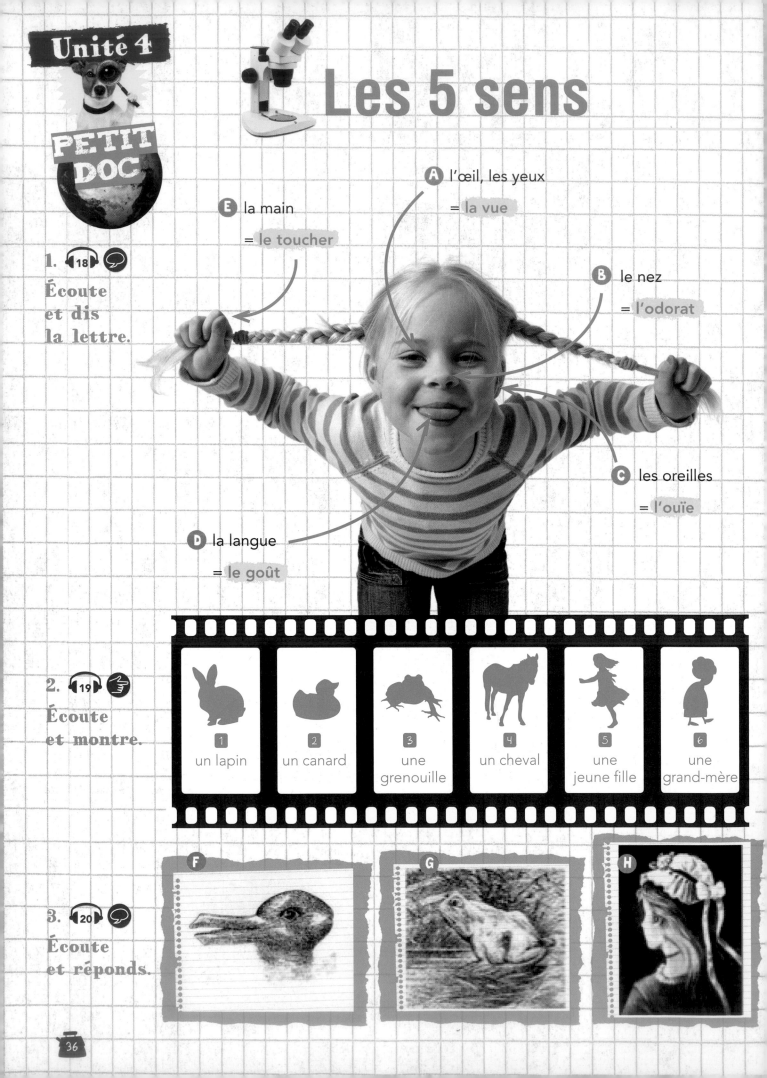

2. 🎧19 👆

Écoute et montre.

1	2	3	4	5	6
un lapin	un canard	une grenouille	un cheval	une jeune fille	une grand-mère

3. 🎧20 💬

Écoute et réponds.

F

G

H

Le pantin d'Aïcha

① 🎧 21 Écoute Aïcha.

② Toi aussi, fabrique un pantin !

1. Dessine et colorie le visage de ton pantin.

2. Découpe les parties du corps de ton pantin.

Le pantin d'Aïcha

3. Assemble les parties du corps de ton pantin.

4. Colorie ton pantin.

Remue-méninges

Regarde et écoute les noms des personnages.

Regarde et dis où sont les quatre intrus.

Écoute, montre et réponds.

Décris le dessin.

Rose-bonbon   Le prince   La sorcière

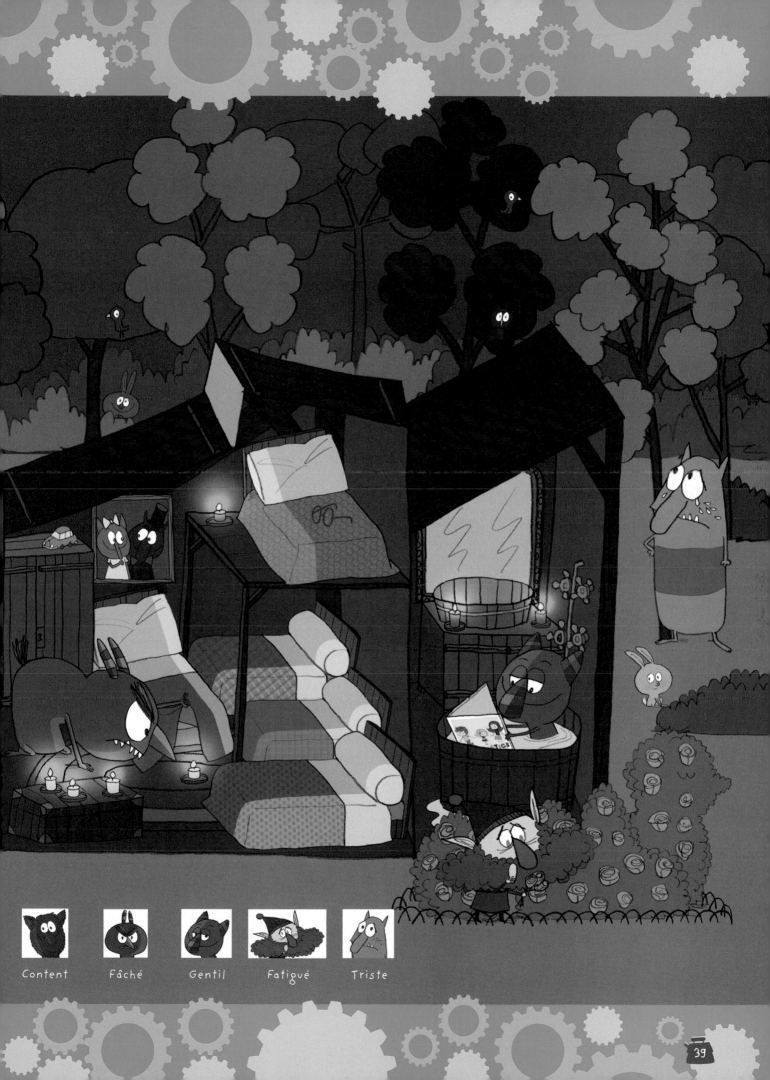

Content   Fâché   Gentil   Fatigué   Triste

Unité 5 : Bon appétit !

1 [24] 👉 Écoute et montre.

2 [25] 💬 👉 Écoute, répète et montre.

3 [26] 👉 Écoute et montre sur la grande image.

4 Qui veut manger quoi ?

👁 [27] a. Regarde la grande image et écoute.

[28] 💬 b. Écoute, réponds vrai ou faux
et corrige si nécessaire.

J'ai tout : un couteau, une fourchette,
une cuillère, une assiette et un verre.

Leçon 2

Tu aimes les fruits ?

1 🎧 29 🎤 Écoute la chanson « Pomme ⬤ , pêche ⬤ , poire ⬤ , abricot ⬤ » et chante.

2 🎧 31 💬

Écoute, répète et dis le numéro.

3 👁 🎧 32 🤸

Regarde, écoute et joue à « salade de fruits ».

Oui, j'aime les fruits : les pommes, les pêches, les poires et les abricots.

Leçon 3

Tu as soif ?
Qu'est-ce que tu veux boire ?

1 🎧 33 👉 Écoute et montre.

2 Qu'est-ce qu'ils veulent boire ?
🎧 34 a. Écoute le dialogue.
🎧 35 💬 b. Écoute et réponds.

3 🎧 36 💬 Écoute et choisis.

J'ai soif. Je voudrais boire : de l'eau/un jus d'orange/du lait froid/un chocolat chaud.

43

Leçon 4

Tu as faim ?
Qu'est-ce que tu veux manger ?

1 👁 🎧37 👉

Regarde, écoute et montre.

2 🎧38 💬

Écoute et trouve l'intrus.

3 🎧39 💬

Écoute la poésie « Bon appétit » et récite.

Menu de l'école
Les 3 pommes

Bon appétit !

Lundi	Mardi	Mercredi	Jeudi	Vendredi
PLAT	PLAT		PLAT	PLAT
de la viande			du poulet	du poisson
avec			avec	avec
des pommes de terre	des pâtes		des frites	du riz
et			et	et
des carottes			de la salade	des tomates
DESSERT	DESSERT		DESSERT	DESSERT
un yaourt	un fruit		une glace	un morceau de gâteau au chocolat

J'ai faim. Je voudrais manger : de la viande/du poisson/des pâtes/du riz/des frites/un dessert.

Tu préfères le salé ou le sucré ?

1 🎧40 💬

Écoute et réponds : « Qui est-ce ? »

2 🎧41 💬

Écoute et réponds avec « un peu », « beaucoup » ou « pas du tout ».

3 👁 🎧42 💬

Regarde, écoute et réponds.

A des bonbons

B des gâteaux

C des frites

D du pop-corn

E des glaces

F des pâtes

G du coca

H des chips

Je préfère le sucré. Je n'aime pas le salé.
un peu – beaucoup – pas du tout/sans

45

Recette

Le gâteau au fromage blanc et aux fruits de Maty

PETIT DOC

POUR 8 ENFANTS

Ingrédients

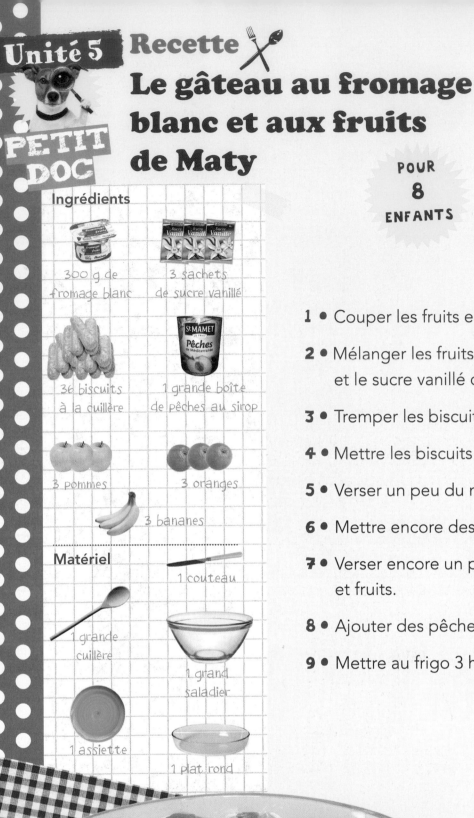

300 g de fromage blanc

3 sachets de sucre vanillé

36 biscuits à la cuillère

1 grande boîte de pêches au sirop

3 pommes

3 oranges

3 bananes

Matériel

1 couteau

1 grande cuillère

1 grand saladier

1 assiette

1 plat rond

1 • Couper les fruits en dés.

2 • Mélanger les fruits, le fromage blanc et le sucre vanillé dans un grand saladier.

3 • Tremper les biscuits dans le sirop de pêche.

4 • Mettre les biscuits dans le plat.

5 • Verser un peu du mélange fromage et fruits.

6 • Mettre encore des biscuits.

7 • Verser encore un peu du mélange fromage et fruits.

8 • Ajouter des pêches.

9 • Mettre au frigo 3 heures.

1. 〔43〕 💬 **Écoute et réponds.**

2. 👁 💬 **Regarde et nomme les fruits.**

3. 〔44〕 💬 **Écoute la recette et dis les mots que tu connais.**

Le gâteau
au fromage blanc
et aux fruits
de Maty

Bon
appétit!

① 🎧45 Écoute
Maty.

②

Fais le gâteau ou présente
une autre recette !

**2. Mélange les fruits,
le fromage blanc et
le sucre vanillé dans
un grand saladier.**

**1. Coupe
les fruits.**

**3 et 4. Mets
les biscuits
dans le plat.**

**5, 6 et 7. Verse encore
un peu du mélange
fromage et fruits.**

**8. Ajoute
des pêches.**

**9. Mets ton gâteau
au frigo 3 heures.**

Qu'est-ce que tu fais ?

1 🎧 2 👆 Écoute et montre les vêtements de Léo.

2 🎧 3 💬 Écoute et réponds.

3 🎧 4 🎤 🕺 Écoute la chanson
« Promenons-nous dans les bois ».
Chante et joue.

4 👁 🎧 6 💬 Regarde la grande image,
écoute et parle.

Je mets mon pantalon, mon tee-shirt, mes chaussettes,
mes baskets, ma veste et ma casquette.

49

Quel temps fait-il ?

1 🎧7 👉 💬 Écoute, montre et répète.

2 🎧8 💬 Écoute et réponds.

3 🎧9 💬 Écoute la poésie « Plic Ploc » et répète.

Il y a du soleil. Il y a du vent. Il pleut. Il y a de l'orage. Il neige.

Tu voyages comment ?

1 🎧 13 💬
Écoute et dis
la lettre.

2 🎧 14 💬
Écoute
et réponds.

3 🎧 15 💬 🤸
Écoute,
complète
et mime.

Je voyage à pied, à vélo, en voiture, en train, en bateau, en avion.

Tu aimes les fêtes foraines ?

1 🎧16 👆

Écoute
et montre.

2 Qu'est-ce
qu'ils disent ?

👁 🎧17 a. Regarde
et écoute.

🎧18 💬 b. Écoute
et réponds.

3 🎧19 🎤

Écoute la chanson
« Le carrousel »
et chante.

Oui, j'aime les fêtes foraines. J'aime le carrousel avec sa fusée,
sa moto, son camion, son ballon, son bus, son vélo.

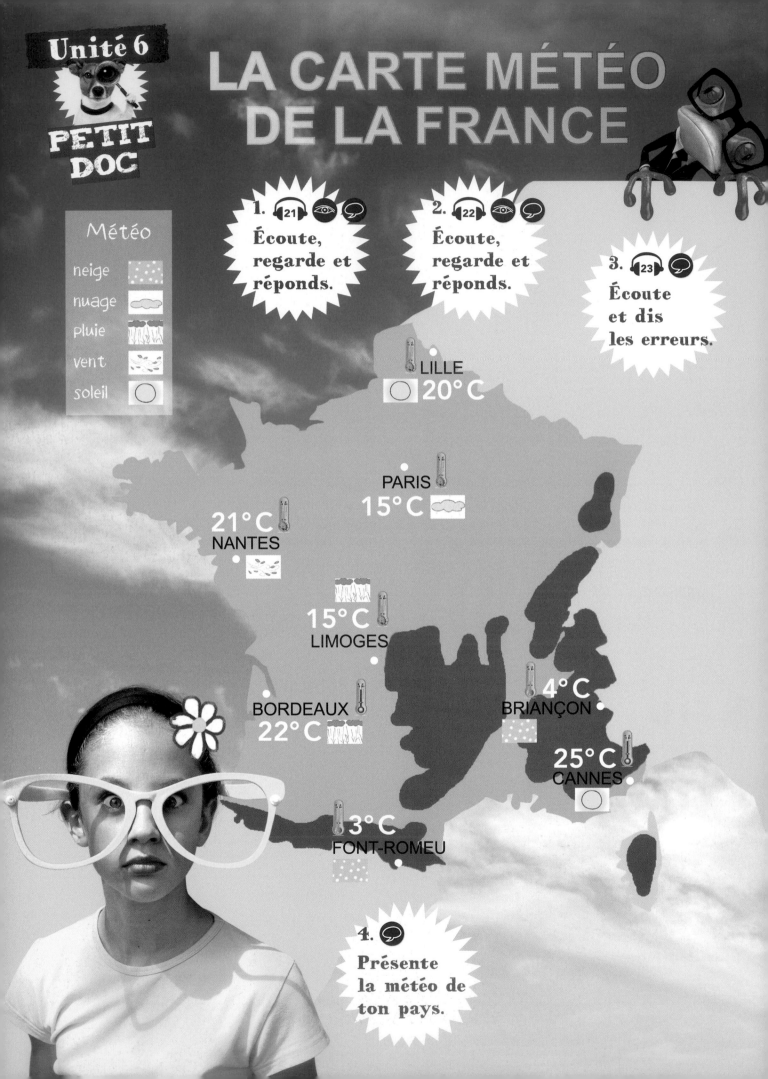

Le carrousel de William

1 🎧24 Écoute William.

2 Toi aussi, fabrique et présente ton carrousel !

1. Décore ta boîte de fromage.

2. Mets de la pâte à modeler dans ta boîte.

3. Plante un crayon dans ta boîte.

4. Colorie, découpe et colle le rond.

5. Ajoute 6 moyens de transport et Alice ou Léo.

6. Souffle sur ton carrousel. Il tourne ?

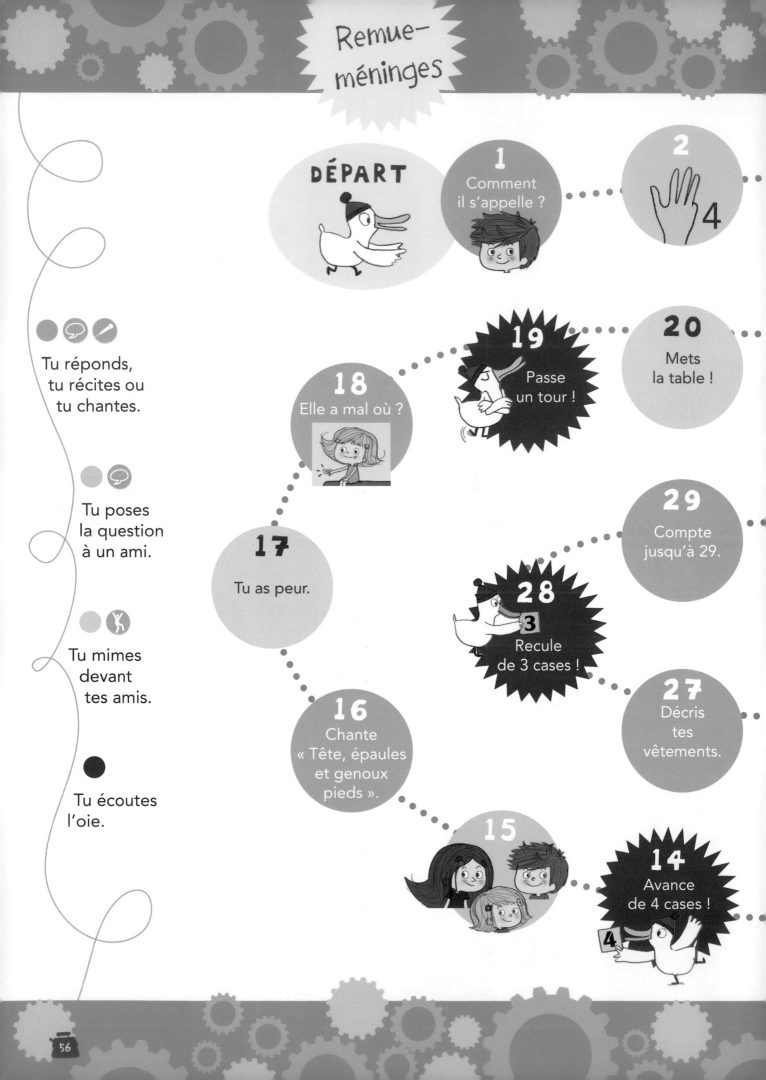

Remue-
méninges

DÉPART

1 Comment il s'appelle ?

2 4

Tu réponds, tu récites ou tu chantes.

Tu poses la question à un ami.

Tu mimes devant tes amis.

Tu écoutes l'oie.

18 Elle a mal où ?

19 Passe un tour !

20 Mets la table !

17 Tu as peur.

29 Compte jusqu'à 29.

28 3 Recule de 3 cases !

27 Décris tes vêtements.

16 Chante « Tête, épaules et genoux pieds ».

15

14 Avance de 4 cases !

3 Tu as quel âge ?

4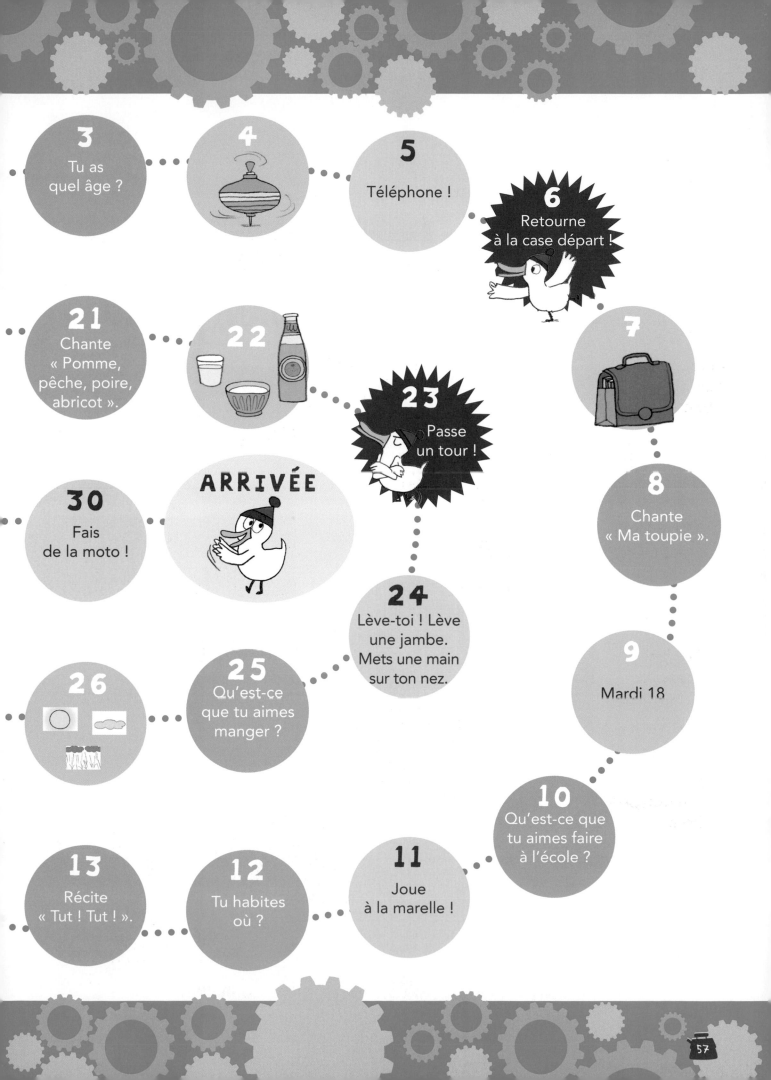

5 Téléphone !

6 Retourne à la case départ !

7

21 Chante « Pomme, pêche, poire, abricot ».

22

23 Passe un tour !

8 Chante « Ma toupie ».

30 Fais de la moto !

ARRIVÉE

24 Lève-toi ! Lève une jambe. Mets une main sur ton nez.

9 Mardi 18

26

25 Qu'est-ce que tu aimes manger ?

10 Qu'est-ce que tu aimes faire à l'école ?

13 Récite « Tut ! Tut ! ».

12 Tu habites où ?

11 Joue à la marelle !

1. 👁 ✋

Regarde et montre les dates du Nouvel An.

| 25 DÉC | 31 DÉC | 1ᵉʳ JAN | 6 JAN |

2. 🎧 25 ✋

Écoute et montre la bonne photo.

A

3. 🎧 26 🎤

Écoute la chanson « Vive le vent » et chante.

4. Fabrique une carte de vœux.

Bonne année !
Bonne santé !
Tom

Vive le vent !

BONNE
ANNÉE
grand
-
mère
Lisa

Louise

Meilleurs vœux !

LA CHANDELEUR

1. 👁 💬

Regarde et dis si tu connais la Chandeleur.

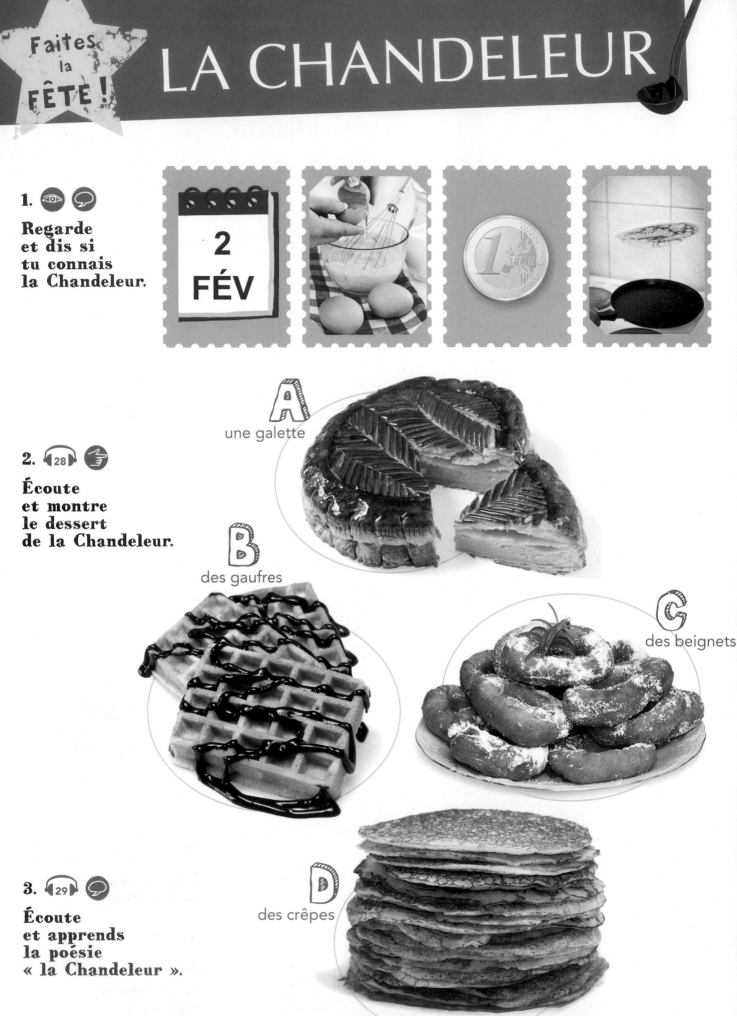

2 FÉV

2. 🎧 28 ☞

Écoute et montre le dessert de la Chandeleur.

A — une galette

B — des gaufres

C — des beignets

D — des crêpes

3. 🎧 29 💬

Écoute et apprends la poésie « la Chandeleur ».

Recette ✗ Les crêpes

Ingrédients

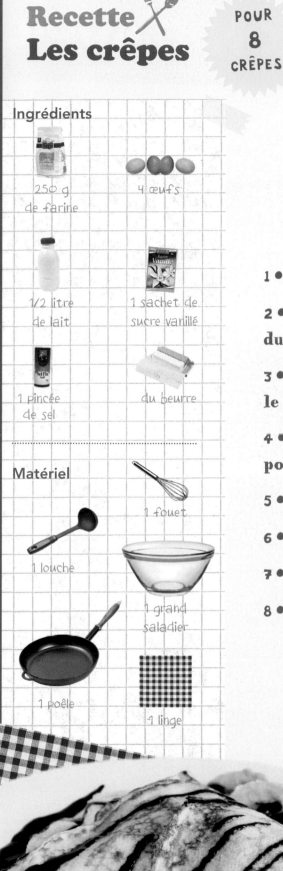

250 g de farine

4 œufs

1/2 litre de lait

1 sachet de sucre vanillé

1 pincée de sel

du beurre

Matériel

1 fouet

1 louche

1 grand saladier

1 poêle

1 linge

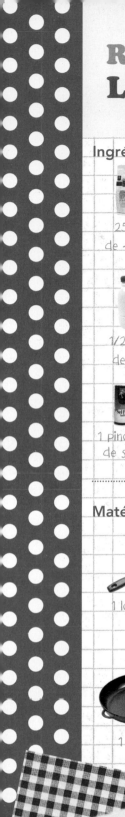

1 • Verser la farine dans le saladier.

2 • Casser les quatre œufs au-dessus du saladier.

3 • Ajouter le lait, le sucre vanillé, le sel et mélanger avec le fouet.

4 • Recouvrir le saladier d'un linge pour laisser reposer la pâte.

5 • Chauffer la poêle.

6 • Mettre un peu de beurre dans la poêle.

7 • Verser une demi-louche de pâte à crêpe.

8 • Faire cuire 1 à 2 minutes.

Voilà, les crêpes sont prêtes. Bon appétit !

4. 🎧(30) 🕺

Écoute et mime la recette.

5. 💬

Fais des crêpes ou présente une autre recette.

LE POISSON D'AVRIL

1. 🎧 31 👉 Écoute et montre la bonne photo.

A

B

Paris, le 1er avril

Chers parents,

Demain tous les enfants doivent aller à l'école avec un poisson rouge.

Merci.

Le directeur
François Dupuis

ÉCOLE →

C

2. 🎧 32 🤸 🎤 Écoute la chanson « Dans ton dos ».
Mime et apprends la chanson.

3. Fais ton poisson en origami et colle-le sur le dos de quelqu'un.

1. Plie la feuille en 2 pour faire les plis. Déplie et plie pour faire 2 triangles.

2. Plie pour faire 2 triangles vers le bas.

3. Plie le dessus.

4. Relève le triangle blanc qui est de l'autre côté de la forme.

5. Plie l'autre côté.

6. Relève le triangle blanc qui est de l'autre côté de la forme.

7. Plie le carré blanc pour en faire un triangle.

8. Retourne la forme et découvre ton poisson.

4. 💬 Imagine avec ta classe un poisson d'avril pour tes parents.

Je te dis « bonjour »

Je te dis « bonjour ».
Tu me dis « bonjour ».
On se dit « bonjour et bonne journée ».

Je te dis « au revoir ».
Tu me dis « au revoir ».
On se dit « au revoir et à bientôt ».

1, 2, 3

1, 2, 3 je vais dans les bois.
1, 2, 3 je vais dans les bois.
4, 5, 6 cueillir des cerises.
4, 5, 6 cueillir des cerises.
7, 8, 9 dans mon panier neuf.
7, 8, 9 dans mon panier neuf.
10, 11, 12 elles seront toutes rouges.
10, 11, 12 elles seront toutes rouges.

Ma toupie

Bleu, jaune, vert ma toupie.
Elle tourne, elle tourne.
Bleu, jaune, vert ma toupie.
Elle tourne. C'est très joli.

Bleu, rouge, violet ma toupie.
Elle tourne, elle tourne.
Bleu, rouge, violet ma toupie.
Elle tourne. C'est très joli.

Jaune, rouge, orange ma toupie.
Elle tourne, elle tourne.
Jaune, rouge, orange ma toupie.
Elle tourne, elle tourne. Elle tourne et c'est fini.

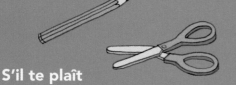

S'il te plaît

S'il te plaît mon amie Alice,
Prête-moi ! Prête-moi !
Des ciseaux, un taille-crayon,
Une gomme et un crayon.
J'ai oublié ma trousse et mon cartable.
Merci, mon amie. Tu es formidable !

Mes petites mains

Mes petites mains dessinent, dessinent
Elles dessinent en haut, elles dessinent en bas
Elles dessinent à gauche, elles dessinent à droite.

Mes petites mains gomment, gomment
Elles gomment en haut, elles gomment en bas
Elles gomment à gauche, elles gomment à droite.

Mes petites mains taillent, taillent
Elles taillent en haut, elles taillent en bas
Elles taillent à gauche, elles taillent à droite.

Mes petites mains peignent, peignent
Elles peignent en haut, elles peignent en bas
Elles peignent à gauche, elles peignent à droite.

Mes petites mains découpent, découpent
Elles découpent en haut, elles découpent en bas
Elles découpent à gauche, elles découpent à droite.

Mes petites mains collent, collent
Elles collent en haut, elles collent en bas
Elles collent à gauche, elles collent à droite.

Mes petites mains écrivent, écrivent
Elles écrivent en haut, elles écrivent en bas
Elles écrivent à gauche, elles écrivent à droite.

Mes petites mains donnent, donnent
Elles donnent en haut, elles donnent en bas
Elles donnent à gauche, elles donnent à droite.

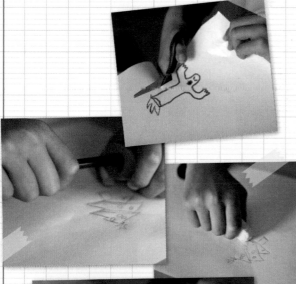

L'alphabet

A B C D E F G
H I J K L M N O P
Q R S T U V W
X Y Z
C'est l'alphabet !
Moi je connais l'alphabet !

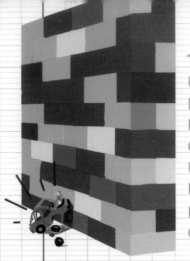

Tut ! Tut !
Une petite voiture roule à toute allure
Mmmmmmmmmmmmmmmm
Paf ! Dans un grand mur.
Oh, plus de petite voiture !
Une grande voiture roule à toute allure
Mmmmmmmmmmmmmmmmm
Paf ! Dans un petit mur.
Oh, plus de petit mur !

Quand Fanny était un bébé
Quand Fanny était un bébé, un bébé, un bébé
Quand Fanny était un bébé
Elle faisait comme ça :
– Areuh ! Areuh ! Areuh !
Quand Fanny était une petite fille, une petite fille, une petite fille
Quand Fanny était une petite fille
Elle faisait comme ça :
– Nananananère !
Quand Fanny était une jeune fille, une jeune fille, une jeune fille,
Quand Fanny était une jeune fille
Elle faisait comme ça :
 – Ah, que je suis belle !
Quand Fanny était une maman, une maman, une maman
Quand Fanny était une maman
Elle faisait comme ça :
– Chut, mon bébé dort !
Quand Fanny était une grand-mère, une grand-mère, une grand-mère
Quand Fanny était une grand-mère
Elle faisait comme ça :
– Ah, j'ai mal au dos !
Quand Fanny était un squelette, un squelette, un squelette
Quand Fanny était un squelette
Elle faisait comme ça :
– Je claque des doigts !

La famille tortue
Jamais on n'a vu
Jamais on ne verra
La famille tortue
Courir après les rats
Le papa tortue
Et la maman tortue
Et les enfants tortue
Iront toujours au pas

Qui a un chapeau ?

Qui a un chapeau ?
C'est mon ami Mario.
Qui a des lunettes ?
C'est grand-mère Lisette.
Qui a une moustache ?
C'est grand-père Eustache.
Qui a des boucles d'oreilles ?
C'est la petite Mireille.

Qui a une barbe ?
Ce n'est pas papa !
Il n'en a pas !
C'est ma copine Maria
Qui a une barbe
Une barbe à papa
Ça va de soi !

Tête, épaules et genoux pieds

Tête, épaules et genoux pieds, genoux pieds
Tête, épaules et genoux pieds, genoux pieds
J'ai deux yeux, deux oreilles une bouche et un nez
Tête, épaules et genoux pieds, genoux pieds

Pomme, pêche, poire, abricot

Pomme, pêche, poire, abricot
y en a une, y en a une
pomme, pêche, poire, abricot
y en a une de trop
C'est l'abricot qui est en trop.

Pomme, pêche, poire
y en a une, y en a une
pomme, pêche, poire
y en a une de trop

Pomme, pêche
y en a une, y en a une
pomme, pêche
y en a une de trop

pomme
y en a une, y en a une
pomme
y en a une de trop

C'est la pomme qui est en trop !

Bon appétit
bon a bon a (bon a)
ppétit
merci merci (merci)
beaucoup
de rien de rien (de rien)
du tout
mangez mangez (mangez)
beaucoup
beaucoup beaucoup (beaucoup)
de tout

Promenons-nous dans les bois

Promenons-nous dans les bois,
Pendant que le loup n'y est pas.
Si le loup y était,
Il nous mangerait.
Mais comme il n'y est pas,
Il nous mangera pas.
– Loup y es-tu ?
– Oui !
– Entends-tu ?
– Oui !
– Que fais-tu ?
– Je mets mon pantalon bleu.
– Tu mets ton pantalon bleu ?
– Oui, il met son pantalon bleu !

Je mets mon tee-shirt violet.
Je mets mes chaussettes rouges.
Je mets mes baskets blanches.
Je mets ma veste marron.
Je mets ma casquette verte.
Je suis prêt, je sors !
AHHHHHHHHHH !

Plic Ploc

Il y a du soleil.
Il y a des nuages.
Il y a de l'orage.
Plic Ploc
Il pleut.
Plic Ploc
Il pleut.
Monsieur et Madame Legrand sont dans leur maison.
Léo marche sous son parapluie.
Il pleut sur la campagne.
Il neige sur la montagne.

Le carrousel

Nous tournons, tournons en rond
Moi, dans mon petit avion
En avion, en avion
Nous tournons, tournons en rond.

Toi, tu roules à toute allure
Dans ta belle, ta belle voiture
En voiture, en voiture
Toi, tu roules à toute allure.

Nous tournons, tournons en rond
Lui, dans son petit camion
En camion, en camion
Nous tournons, tournons en rond.

Elle, elle dépasse la moto
Sur son beau, son beau vélo
À vélo, à vélo
Elle, elle dépasse la moto.

Nous tournons, tournons en rond
Moi, dans mon petit ballon
En ballon, en ballon
Nous tournons, tournons en rond.

Toi, tu voudrais décoller
Dans ta belle, ta belle fusée
En fusée, en fusée
Toi, tu voudrais décoller !

Oh non !!! C'est fini.

La Chandeleur

C'est la Chandeleur !
Quel bonheur !
Toute la famille autour
Chacun son tour
Lançons les crêpes dans le ciel !
Les crêpes en forme de soleil !

Vive le vent

Vive le vent, vive le vent
Vive le vent d'hiver
Qui s'en va sifflant, soufflant
Dans les grands sapins verts...
Oh ! Vive le temps, vive le temps
Vive le temps d'hiver
Boule de neige et jour de l'an
Et bonne année grand-mère...

Dans ton dos

Dans ton dos, dans ton dos
Qu'est-ce qu'il y a ? Qu'est-ce qu'il y a ?
Dans mon dos, dans mon dos
Je ne sais pas ! Je ne vois pas !

C'est un poisson chat !
Chat chat chat
Danse au bout du fil
Beau poisson d'avril.

C'est un poisson-scie !
Scie scie scie
Saute au bout du fil
Beau poisson d'avril.

C'est un poisson-clown !
Clown clown clown
Vole au bout du fil
Beau poisson d'avril.

Hi ! Hi !

TABLEAU DES CONTENUS

UNITÉS ET LEÇONS

COMMUNICATION

Unité 1 – Bonjour !
1. Moi, c'est Léo et toi ? Salut ! Moi, c'est Alice. Ça va ? Au revoir.
2. Il y a combien de doigts ? zéro – un – deux – trois – quatre – cinq – six – sept – huit…
3. Comment tu t'appelles ? Tu as quel âge ? Je m'appelle Léo. J'ai sept ans.
4. De quelles couleurs est la toupie ? noir – blanc – bleu – rouge – jaune – violet – orange – vert
5. Qu'est-ce qu'il fait ? Qu'est-ce qu'elle fait ? Il peint. Elle chante. Et toi, tu apprends le français.

Nommer les personnages, saluer et prendre congé
Compter de 0 à 12
Demander et dire son prénom, son âge
Qualifier un objet par sa couleur (1re partie)
Dire ce qu'il fait

Unité 2 – Vive l'école !
1. Qu'est-ce que c'est ? C'est une trousse. C'est un cartable. Ce sont des ciseaux.

2. Qui fait quoi ? Léo pose son cartable. Maggie prend les crayons. Alice prête les ciseaux.
3. Nous sommes quel jour aujourd'hui ? lundi – mardi – mercredi – jeudi – vendredi – samedi – dimanche
4. Tu aimes aller à l'école ? Oui, j'aime aller à l'école. J'aime lire et compter. Je n'aime pas dessiner.

5. Qu'est-ce que tu aimes faire pendant la récréation ? J'aime sauter à la corde…

Nommer le matériel scolaire ; qualifier un objet par sa couleur (2e partie)
Demander à quelqu'un de lui prêter quelque chose
Compter de 13 à 20 ; citer les jours de la semaine
Exprimer ses goûts parmi les activités en classe : J'aime./Je n'aime pas.
Dire ses activités préférées pendant la récréation

Remue-méninges : le labyrinthe

Suivre et dicter un parcours

Unité 3 – La famille Legrand
1. Tu habites où ? J'habite en ville. Je n'habite pas à la campagne, à la montagne, à la mer.
2. Qu'est-ce qu'il y a dans ta chambre ? Il y a des jouets dans le coffre, une voiture sous le bureau, des livres sur le lit.
3. Tu as des frères et des sœurs ? Oui, j'ai une sœur et un frère. Non, je n'ai pas de sœur et je n'ai pas de frère.
4. Tu habites avec qui ? J'habite avec mes parents (mon père et ma mère), ma grand-mère et mon grand-père.
5. Tu as des animaux ? Oui, j'ai un chien, un chat, une tortue… Non, je n'ai pas d'animaux.

Dire où il habite
Nommer les objets de sa chambre

Dire s'il a des frères et des sœurs
Présenter sa famille proche
Nommer ses animaux domestiques

Unité 4 – En forme ?
1. Comment est ton visage ? J'ai un nez, une bouche, deux yeux, deux oreilles et des cheveux.
2. Tu peux te décrire ? J'ai des cheveux blonds… J'ai des lunettes… Je n'ai pas de moustache…
3. Tu te sens comment aujourd'hui ? Je n'ai pas peur. Je ne suis pas triste. Je suis content…
4. Tu bouges ? Je mets mes mains en avant, je tourne ma tête… Je plie mes jambes et je saute.
5. Tu as mal où ? Je n'ai pas mal à la tête. J'ai mal au doigt.

Nommer les parties du visage
Identifier des accessoires, des signes particuliers
Exprimer ses émotions
Nommer les parties du corps
Dire où il a mal

Remue-méninges : Rose-bonbon et les 5 monstres

Identifier sur un dessin le lexique et les actes de parole des unités 1 et 2

Unité 5 – Bon appétit !
1. Tu as tout pour pique-niquer ? J'ai tout : un couteau, une fourchette, un verre, une assiette…

2. Tu aimes les fruits ? Oui, j'aime les fruits : les pommes, les pêches, les poires et les abricots.
3. Tu as soif ? Qu'est-ce que tu veux boire ? J'ai soif. Je voudrais boire de l'eau, un jus d'orange…
4. Tu as faim ? Qu'est-ce que tu veux manger ? J'ai faim. Je voudrais manger des frites et du poulet…
5. Tu préfères le salé ou le sucré ? Je préfère le sucré. Je n'aime pas beaucoup le salé.

Nommer différents ustensiles de cuisine et quelques aliments
Nommer quelques fruits
Nommer quelques boissons, dire s'il a soif
Nommer quelques aliments, dire s'il a faim
Émettre un goût, une opinion, une préférence

Unité 6 – Bientôt les vacances !
1. Qu'est-ce que tu fais ? Je mets mon pantalon, mon tee-shirt, mes chaussettes, mes baskets…
2. Quel temps fait-il ? Il y a du soleil. Il y a du vent. Il pleut. Il y a de l'orage. Il neige.
3. Qu'est-ce qu'elle fait ? Elle enlève son pyjama. Elle met sa chemise, sa robe, sa jupe, son pull…
4. Tu voyages comment ? Je voyage à pied, à vélo, en voiture, en train, en bateau, en avion.
5. Tu aimes les fêtes foraines ? Oui, j'aime les fêtes foraines. J'aime le carrousel avec sa fusée…

Nommer les actions liées à l'habillement
Exprimer le temps qu'il fait
Nommer des vêtements quotidiens
Nommer des moyens de transport
Exprimer ses goûts : C'est chouette !/C'est nul !

Remue-méninges : le Jeu de l'Oie des *Loustics*

Jouer au Jeu de l'Oie des *Loustics*

Les fêtes
Le Nouvel An
La Chandeleur
Le poisson d'avril

Souhaiter une bonne année
Présenter la recette des crêpes
Dire « Poisson d'avril ! »

FAITS CULTURELS	PETITS DOCS – PROJETS

Les salutations
Compter sur les doigts
Une chanson traditionnelle :
1, 2, 3 nous irons au bois
Une peinture française
Un monument français

Petit doc
La peinture préférée de Léo
Projet
Le téléphone de Pedro
> Avoir une mini-conversation au téléphone

Les jeux de la cour de récréation
L'alphabet français

Petit doc
Les abécédaires d'Alice
Projet
Le présentoir d'Hugo
> Parler des autres à partir de présentoirs

Les types d'habitations
Une chambre d'enfant
Les animaux domestiques
Des chansons traditionnelles :
Quand Fanny était un bébé,
La famille tortue

Petit doc
La carte postale de . . .
Projet
Le dépliant de Minami
> Se présenter à l'aide d'un dépliant

Une chanson traditionnelle :
Tête, épaules et genoux, pieds
Un type de texte :
La bande dessinée

Petit doc
Les 5 sens
Projet
Le pantin d'Aïcha
> Présenter son pantin

Le pique-nique
Une chanson traditionnelle :
Pomme, pêche, poire, abricot
Une recette française : le gâteau au fromage
blanc et aux fruits

Petit doc
Recette : le gâteau au fromage blanc
et aux fruits de Maty
Projet
Le gâteau au fromage blanc et aux fruits de Maty
> Présenter une recette

Une chanson traditionnelle :
Promenons-nous dans les bois
Un type de texte :
La bande dessinée

Petit doc
La carte météo de la France
Projet
Le carrousel de William
> Présenter un carrousel

Les fêtes traditionnelles : le Nouvel An,
la Chandeleur, le 1ᵉʳ avril
Une chanson traditionnelle : *Vive le vent !*
Une recette française : les crêpes

Interdisciplinarité

● **Les chiffres et les nombres**
Unité 1 : de 0 à 12
Unité 2 : de 13 à 20

● **Le monde des objets**
Unité 1 : les formes
Unité 6 : les moyens de transport

● **Le monde du vivant**
Unité 4 : le corps,
les illusions d'optique
Unité 5 : l'alimentation, le goût

● **Les pratiques artistiques**
Unité 1 : *Tour Eiffel* de Robert Delaunay
Unité 3 : dessiner une habitation
et son environnement
Unité 4 : fabriquer un pantin
de profil et le décorer
Unité 5 : réaliser une recette simple
Unité 6 : fabriquer un carrousel

● **L'instruction civique**
et morale
Unité 2 : les règles de politesse
Unité 5 : dresser la table ;
apprendre à jouer ensemble

● **Le temps et l'espace**
Unité 2 : les jours, en haut,
à gauche…
Unité 3 : les paysages, les âges
de la vie, l'arbre généalogique,
les positions (entre, devant, derrière)
Unité 6 : la carte météo de la France

● **Éducation physique**
et sportive
Unité 4 : les mouvements

L' ABÉCÉDAIRE D'ALICE

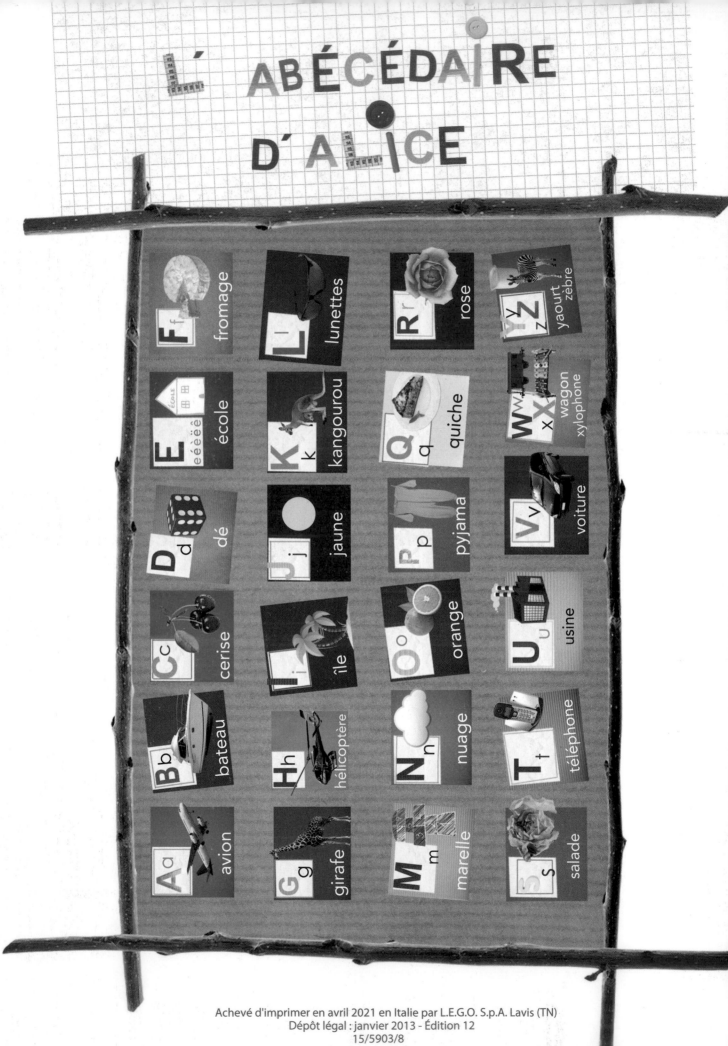

Achevé d'imprimer en avril 2021 en Italie par L.E.G.O. S.p.A. Lavis (TN)
Dépôt légal : janvier 2013 - Édition 12
15/5903/8